Ruedas salvajes

Los monster trucks

GAIL TERP

BLACK RABBIT BOOKS

Bolt es una publicación de Black Rabbit Books
P.O. Box 227, Mankato, Minnesota, 56002
www.blackrabbitbooks.com

Michael Sellner, diseñador del interior
y investigación fotográfica

Información del catálogo de publicaciones de la biblioteca del congreso
Names: Terp, Gail, 1951- author.
Title: Los monster trucks / by Gail Terp.
Other titles: Monster trucks. Spanish
Description: Mankato, Minnesota: Black Rabbit Books, [2024] | Series: Ruedas salvajes | Includes index. | Audience: Ages 8–12 | Audience: Grades 4–6 | Summary: "Take a look at a monster truck's unique features, exterior design, and what's under the hood. Translated into North American Spanish"—Provided by publisher.
Identifiers: LCCN 2022048020 (print) | LCCN 2022048021 (ebook) | ISBN 9781623108465 (library binding) | ISBN 9781623108724 (ebook)
Subjects: LCSH: Monster trucks—Juvenile literature. | CYAC: Monster trucks.
Classification: LCC TL230.15 .T4718 2024 (print) | LCC TL230.15 (ebook) | DDC 629.223/2—dc23/eng/20221020
LC record available at https://lccn.loc.gov/2022048020
LC ebook record available at https://lccn.loc.gov/2022048021

Impreso en China

Image Credits

Alamy: Cal Sport Media 24, Ian Shipley SP 25, Malcolm Haines 8-9, Michael Doolittle 14-15, PCN Photography 10-11, 12-13, Stanislav Halcin 23, Zoonar GmbH 1, 31, Zuma Press, Inc. 6-7; AP Images: Andy Colwell 22; BigFoot 4x4 28; CarandDriver: Andi Hedrick 18; Dreamstime: Eric Broder Van Dyke 26-27, Njarvis5 8-9, Quicksilver77 20, Sarah Dowson 17; ESPN: Joe McNally 18, 26; Getty: Icon Sportswire 29; MonsterJam: Susan Woolley 22; Shutterstock: BW Press cover, 4–5, 21, 22-23, 23, 25, foxaon1987 3, MarijaPiliponyte 27, ZDL 32

Contenido

CAPÍTULO 1

Establecer récords

Tom Meents se subió a su camión monstruo. Tenía un objetivo. Quería establecer un nuevo récord para el **wheelie** de trompa más largo. Se puso en posición y pisó el acelerador. ¡Ya! Las ruedas traseras se elevaron. La parte delantera del camión apuntó al suelo. Meents condujo hacia adelante. ¿Batiría el récord?

BKT
MAX-D
MAXIMUM DESTRUCTION
SIMPSON

MAX-D
MAXIMUM DESTRUCTION
KING
MAGNAFLOW

Sigue adelante

Meents hizo equilibrio con el camión durante mucho tiempo. Cruzó la primera línea marcada y luego la segunda. ¡Pum! Las ruedas traseras bajaron con fuerza. El camión rebotó pero no volcó. Los fanáticos se volvieron locos. Meents alcanzó los 209,21 pies (64 metros). ¡Un nuevo récord mundial!

CAPÍTULO 2

Máquinas gigantes

Un camión monstruo es justo lo que dice su nombre. Es un camión monstruoso. Se mueve sobre llantas enormes. Su gran motor le da una potencia impresionante. Cada camión monstruo tiene más o menos el mismo tamaño. Son el doble de grandes que la mayoría de las camionetas.

COMPARACIÓN DE TAMAÑOS

Camioneta convencional

Altura
6 a 6,8 pies
(1,8–2,1 m)

Peso
3.100 a
7.000 libras
(1.406–3.175 kilogramos)

Largo
17 a 21 pies
(5,2–6,4 m)

Camión monstruo

Altura
10,5 a 12 pies
(3,2–3,7 m)

Peso
10.000 a
12.000 libras
(4.536–5.443 kg)

Largo
17 a 20 pies
(5,2–6,1 m)

MERLIN

Motores poderosos

La mayoría de las camionetas tienen 400 **caballos de fuerza**. Los motores de los camiones monstruo pueden tener 1.500 caballos de fuerza. Los motores trabajan duro. Utilizan tres galones de **combustible** cada minuto. Cada motor dura solo unas 30 horas de manejo.

Los camiones monstruo gastan unos cinco motores al año.

Llantas monstruosas

La gente suele fijarse primero en las llantas de un camión monstruo. Las cuatro llantas juntas pesan tanto como un auto pequeño. Son más altos que un niño promedio de 10 años. Se necesitan 50 horas para fabricar una llanta.

Los camiones monstruo son demasiado grandes para manejar por una carretera normal. Se cargan en un remolque y se los mueva a cada evento. Pero primero se les quitan las enormes llantas. De lo contrario, el camión no entraría en el remolque.

Llantas enormes

5.5 pies
(1.7 m)

MANTENER LA SEGURIDAD DEL CONDUCTOR

Conducir un camión monstruo puede ser peligroso. Los conductores deben usar equipo de seguridad.

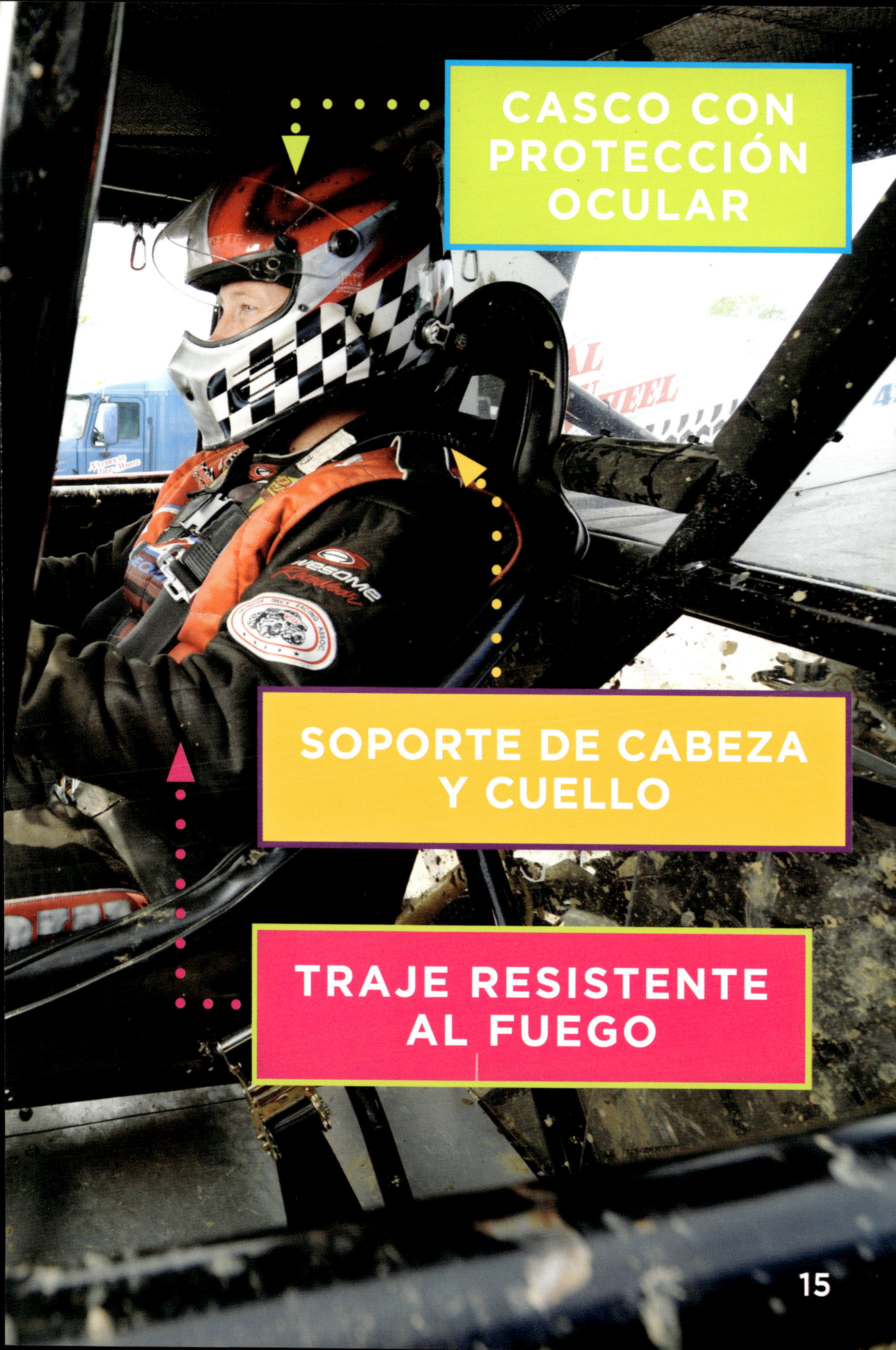

CASCO CON PROTECCIÓN OCULAR
SOPORTE DE CABEZA Y CUELLO
TRAJE RESISTENTE AL FUEGO

Construidos para un paseo salvaje

Los camiones monstruo están construidos para soportar un trato rudo. Tienen chasis súper fuertes y **amortiguadores** robustos. Los cuatro frenos ayudan a realizar giros y paradas rápidas.

Los camiones monstruo necesitan muchas reparaciones después de cada espectáculo. ¡Su reconstrucción puede costar hasta $10.000!

La mayoría de los conductores de camiones monstruo son hombres. Pero las mujeres también los conducen. Ellas ganan muchos eventos.

Entrenamiento de los conductores

Los nuevos conductores deben recibir primero un entrenamiento. Aprenden a conducir los grandes camiones. Se entrenan para realizar acrobacias. También deben aprender técnicas de seguridad. Muchos conductores asisten a la Monster Truck University en Illinois. La universidad les enseña a triunfar.

CAPÍTULO 4

Monster Jam

Los espectáculos de Monster Jam occuren en todo el mundo. Estos eventos incluyen velocidad y **habilidad** juntos. Los conductores ganan puntos según su desempeño en cada evento. El conductor con más puntos es el campeón del espectáculo.

COSTOS DEL CAMIÓN → **CAMIÓN $255.000**

Las filas de asientos más cercanas al campo están bloqueadas para la seguridad de los fanáticos.

MOTOR
$43.000

4 LLANTAS
hasta $3.500

RÉCORDS MUNDIALES DE MONSTER JAM

Muchos conductores compiten en los espectáculos de Monster Jam.

MAYOR VELOCIDAD

100,31 MILLAS
(161,43 KILÓMETROS)
POR HORA

Bryce Kenny
en Mohawk Warrior

SALTO DE RAMPA MÁS ALTO

33 PIES
(10 M)

Krysten Anderson
en Grave Digger

WHEELIE MÁS LARGO

209,21 PIES (64 M)

Tom Meents

en Max-D

MÁS CAMIONES MONSTRUOS SALTADOS

8 CAMIONES

Adam Anderson

en Megalodon

MÁS TROMPOS EN UN MINUTO

44 TROMPOS

Bari Musawwir

en Zombie

Eventos de Monster Jam

Los Monster Jam tienen muchos eventos. Hay carreras y desafíos de habilidades. Los conductores hacen wheelies y **trompos**. En las **competencias** de estilo libre se realizan acrobacias. Los conductores hacen saltos y volteretas hacia atrás con sus camiones.

Habilidades y acrobacias

trompos

volteretas hacia atrás

saltos

Monster Jam en números

100 DECIBELES

EL NIVEL DE RUIDO EN EL ESTADIO.
ES MÁS RUIDOSO QUE UN TRITURADOR DE BASURA.

$55.000

Salario promedio de un conductor

4 millones

cantidad de fanáticos que ven Monster Jam cada año

6 continentes

MONSTER JAM SE HA PRESENTADO EN TODOS EXCEPTO EN LA ANTÁRTIDA

7.500 toneladas (6.804 toneladas métricas)

cantidad de tierra utilizada en cada evento

¿Qué pasará en el futuro?

Los camiones monstruo se construyeron por primera vez en los años 1980s. Desde entonces, cada año han aparecido nuevos diseños de camiones. Bigfoot 20 es el primer camión eléctrico. Funciona con baterías eléctricas.

En el futuro, más camiones pueden ser eléctricos. O puede aparecer un nuevo diseño. De cualquier manera, los camiones monstruo seguirán sorprendiendo a los fanáticos.

207
206
MONSTER TRUCKS
35

GLOSARIO

amortiguador: un dispositivo que atenúa los golpes y las vibraciones en un vehículo.

caballo de fuerza: una unidad usada para medir la potencia de un motor, basada en qué tanto puede jalar un caballo.

combustible: un material, como la gasolina, que se quema para producir energía en un automóvil.

competencia: un certamen en el que dos o más personas intentan demostrar que son los mejores en un deporte o habilidad.

habilidad: la capacidad de hacer algo bien.

trompo: un truco en el que un conductor gira un vehículo en un círculo cerrado tan rápido como puede.

wheelie: un truco en el que los vehículos circulan solo sobre dos ruedas.

ÍNDICE